Historica présente

Les Grands Débrouillards

11 histoires scientifiques en BD

Par Réal Godbout

Catalogage avant publication de
Bibliothèque et Archives Canada

Godbout, Réal

Les grands débrouillards :
11 histoires scientifiques en BD

Bandes dessinées.
Pour les jeunes de 8 ans et plus.

ISBN 978-2-89579-142-3

1. Scientifiques - Canada - Biographies
- Bandes dessinées. 2. Inventeurs - Canada
- Biographies - Bandes dessinées. I. Titre.
II. Titre : Onze histoires scientifiques en BD.

Q141.G622 2007
j509'.2'271
C2007-940038-8

Nous reconnaissons l'aide financière du
gouvernement du Canada par l'entremise
du Programme d'aide au développement
de l'industrie de l'édition (PADIÉ) pour
nos activités d'édition.

 Conseil des Arts   Canada Council
du Canada   for the Arts

Bayard Canada Livres remercie le Conseil
des Arts du Canada du soutien accordé à
son programme d'édition dans le cadre
du Programme des subventions globales
aux éditeurs.

Cet ouvrage a été publié avec le soutien
de la SODEC.

Gouvernement du Québec – Programme
de crédit d'impôt pour l'édition de
livres – Gestion SODEC.

Dépôt légal - 1er trimestre 2007
Bibliothèque nationale du Québec
Bibliothèque nationale du Canada

Recherche et coscénarisation :
Isabelle Burgun (Gingras, Franklin,
LeVasseur, Logan, MacGill, Les Prix Nobel)
Marie-Pier Elie (Ouimet, Fleming)
Claudette Gagné (Venne)
Réal Godbout (Reeves)
Dessins et coscénarisation :
Réal Godbout
Conception graphique :
Barbara Lapointe
Révision des textes :
Hélène Veilleux
Direction, collection Les Débrouillards :
Félix Maltais
Direction, Bayard Canada :
Jean-François Bouchard

Ces bandes dessinées ont paru dans le
magazine *Les Débrouillards* entre octobre
1999 et septembre 2004.

© Bayard Canada Livres inc., 2007
4475, rue Frontenac
Montréal (Québec)
Canada H2H 2S2
Téléphone : 514 844-2111 ou 1 866 600-0061
Télécopieur : 514 278-3030
Courriel : edition@bayard-inc.com

Imprimé au Canada

Sommaire

William Logan
Le père de la géologie canadienne

Au 19ᵉ siècle, le charbon était une source d'énergie essentielle pour le pays. Pour faire fonctionner les usines et chauffer les maisons, il fallait découvrir de plus en plus de gisements. Directeur de la nouvelle Commission géologique du Canada, William Logan arpente la vallée du Saint-Laurent. Il y fait de nombreuses découvertes.

Qui est William Logan ?

William Edmond Logan est né à Montréal, de parents écossais, le 24 avril 1798. Après des études à Édimbourg, il devient un expert des cartes géologiques. En 1842, il est le premier directeur et président de la Commission géologique du Canada. Il publie en 1863 un ouvrage mémorable, *La géologie du Canada*. William Logan est décédé en 1875. Aujourd'hui, la plus haute montagne du Canada porte son nom.

C'est une honte!

MAIS LÂCHEZ-LE, VOYONS!

Vous savez qui est cet homme? C'est William Logan, Président de la Commission géologique du Canada!

Hein?!?

Ben, on pouvait pas savoir, nous! Fallait le dire...

Moi qui croyais n'avoir à combattre que les mouches noires et les maringouins! Encore heureux que vous vous trouviez à passer par là, Murray.

Je commençais à m'inquiéter. Je vous cherche depuis ce matin!

Je suppose que vous n'avez rien mangé. Et d'ailleurs... FIOU! Vous ne vous êtes pas lavé non plus depuis un moment, on dirait!

Il va falloir rentrer bientôt à Montréal.

Nous avons travaillé tout l'été comme des esclaves sans trouver la moindre trace de charbon. C'est frustrant!

J'ai au moins acquis la certitude qu'il n'y en a pas dans la région, ce n'est pas rien. Et je ramène avec moi des tonnes d'échantillons, de relevés, d'observations...

...et des dizaines de croquis.

Quand William Logan n'est pas en expédition, il vit à Montréal, dans les bureaux de la Commission géologique...

...où il est toujours en camping!

Quel bric-à-brac!

Hmmm... Joli dessin! C'est quoi, cet arbre étrange?

6

C'est un *Lépidodendron*, un arbre de 40 mètres de haut, datant de l'époque carbonifère, il y a 300 millions d'années et des poussières. C'est, sous sa forme fossilisée, une des sources du charbon.

Parlant de fossiles, regardez ce que j'ai ramassé près de Percé. Magnifique, non ?

Qu'est-ce que c'est ?

Un *trilobite*, l'ancêtre de nos crustacés...

...une bestiole qui vivait dans les mers bien avant les dinosaures. La preuve que la vie existe ici depuis fort longtemps.

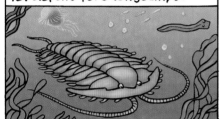

Quels trésors vous avez ici ! Il faudrait que le public ait accès à votre collection. Je parle bien sûr des minéraux, pas des bottes de marche !

Il y a longtemps que je songe à ouvrir ici un musée. Si le gouvernement pouvait débloquer les fonds...

En attendant, nous avons du travail. Suivez-moi, Murray.

Où ça ?

Sur les berges du fleuve.

Je mesure l'impact des embâcles du Saint-Laurent sur les constructions de la rive.

Ces études s'avéreront très utiles, notamment lors de la construction du pont Victoria, en 1860.

Sur le terrain, Logan utilise divers instruments de mesure pour procéder à ses relevés.

la boussole

l'octant

le théodolite

le baromètre-altimètre...

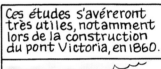

...trois cent vingt-quatre, trois cent vingt-cinq, trois cent vingt-six...

...et l'odomètre.

Ces relevés lui permettent d'établir des cartes topographiques et géologiques d'une grande précision.

7

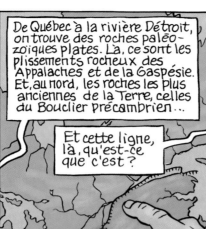

Pour en savoir plus

Livres

Roches et minéraux, Dr Symes. Collection Les yeux de la découverte, Gallimard

L'énigme des fossiles. Collection Les yeux de la découverte, Gallimard

Visites

La Salle Logan
Ressources naturelles Canada, Ottawa (Ontario).
www.nrcan.gc.ca/gsc/logan/loganhall_f.html

Musée minéralogique et minier de Thetford Mines
L'histoire de l'une des plus importantes industries minières du Canada.
www.mmmtm.qc.ca

Musée de géologie René-Bureau (Québec)
Le patrimoine géologique mondial.
www.ggl.ulaval.ca/musee/index.html

Films

La Terre à découvrir, 1986, 68 min 55 s, par Colin Low de l'ONF

Terre-Territoire et ressources, Cassette 3 de la série Transit (25 mn) de Télé-Québec
www.telequebec.qc.ca

Sites Web

http://cgc.rncan.gc.ca:80/hist/logan/index_f.php
Le site du pionnier de la géologie du Canada.

www.sciencetech.technomuses.ca/francais/about/hallfame/u_io1_f.cfm
Un portrait dans le Panthéon du Musée des sciences et de la technologie du Canada.

Activités et débats

Une énergie révolutionnaire

Au 19e siècle, l'Angleterre a été le premier pays à développer son industrie manufacturière en remplaçant en partie l'énergie humaine et animale par des « machines à vapeur ». Fais une recherche sur le rôle du charbon dans la révolution industrielle.

Une source d'énergie honnie

Le charbon a aujourd'hui une très mauvaise réputation. Les usines américaines fonctionnant au charbon sont accusées de polluer l'air et de causer les pluies acides dans tout le nord-est de l'Amérique, surtout au Québec et dans les Maritimes. Organisez une discussion sur la pollution transfrontalière et sur le partage des responsabilités entre les pays concernés.

Logan fera-t-il trembler Charlevoix ?

À plusieurs reprises, des tremblements de terre se sont produits le long de la faille Logan, surtout dans la région de Charlevoix, au nord-est de Québec. Fais une recherche sur les séismes des 300 dernières années dans cette région. Cela te permet-il de prédire le prochain tremblement ?

Sandford Fleming
Le réformateur du temps

En 1876, le train est le principal moyen de transport au Canada. On construit même une voie ferrée qui va traverser tout le pays, de l'Atlantique au Pacifique. Ce grand projet est dirigé par l'ingénieur Sandford Fleming, qui aura en cours de route de surprenantes idées...

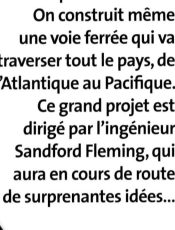

Qui est Sandford Fleming ?

Sandford Fleming est né en Écosse, le 7 janvier 1827. À l'âge de 18 ans, il immigre au Canada. Brillant ingénieur, il supervise la construction des chemins de fer les plus importants au pays, dont la ligne transcontinentale vers le Pacifique, terminée en 1885. Entre-temps, Fleming propose son projet le plus audacieux : diviser la terre en 24 fuseaux horaires. Il veut aussi créer un réseau télégraphique sous-marin reliant le Canada à l'Australie et la Nouvelle-Zélande. Cet ultime projet de M. Fleming s'est concrétisé en 1902, soit 13 ans avant sa mort.

Sandford Fleming est ingénieur. Dès 1863, il a supervisé la construction du chemin de fer reliant Québec à Halifax.

En 1871, il est chargé d'établir le tracé du chemin de fer transcontinental, qui doit franchir le Canada en entier, jusqu'à l'océan Pacifique, à travers les montagnes, les vallées, les forêts, les prairies et les rivières.

Il est par la suite nommé ingénieur en chef de ce projet colossal.

Mais aujourd'hui, il se retrouve coincé dans une petite gare irlandaise et il n'y peut rien...

Le prochain train passe demain matin.

C'est pas vrai...

Stupide horloge de douze heures...

En fait, c'est nous qui sommes trop stupides pour compter jusqu'à 24 ! On préfère compter jusqu'à 12, deux fois par jour.

Pourquoi ?

S'cusez m'sieur, vous avez l'heure ?

Hmm ?

Il est **20** heures 15.

HEIN ?!?

Allons, viens, laisse faire ce vieux fou ! Tu vois bien qu'il est huit heures et quart !

Hé!Hé!

Fleming est décidé : le transcontinental fonctionnera selon un horaire de 24 heures. Mais ça ne réglera pas tout...

HALIFAX

EN VOITURE !

Allez !

VITE !

DEP: 14:30

Pourquoi toutes ces montres, papa ?

Eh bien, tu vois, ici, j'ai l'heure de Halifax. Ça, c'est l'heure de Fredericton et puis celles de Québec, Montréal, Ottawa, Kingston, Toronto...

...Medicine Hat, Calgary, Kamloops, et enfin Vancouver, là où nous allons.

Incroyable mais vrai : aucune de ces villes n'a la même heure ! Le Soleil est la seule référence et, comme la Terre tourne...

Ottawa | Montréal DONG DONG DONG DONG | 11h.51 | Midi

DONG DONG DONG | Ottawa | Montréal | Midi | 12h.09

...midi ne sonne pas en même temps à Montréal et à Ottawa.

Pour voyager à cheval, ça va. Mais, avec le train, on ira de plus en plus vite, de plus en plus loin...

J'ose à peine imaginer l'avenir...

Tout va bien. Nous serons à Québec dans quinze minutes.

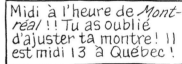

309

Au même moment...

Nous devrions arriver à Montréal à, euh...

Tu sais quelle heure il est ?

Midi juste. Nous serons à Québec à l'heure prévue.

Midi à l'heure de *Montréal* !! Tu as oublié d'ajuster ta montre ! Il est midi 13 à Québec !

Mais... ça veut dire que...

...que le train en provenance de Québec...

...EST DÉJÀ EN ROUTE!!

QUOI ?!!?

NOOOOON !

Pour en savoir plus

Livres
Time Lord, par Clark Blaise. Éditions Knopf Canada
Sandford Fleming, le bâtisseur de chemins de fer, Michael Webb. Les Éditions de la Chenelière
Les Trains, Agnès Vandeweile. Collection La grande imagerie, Fleurus, 2006

Visite
Musée ferroviaire canadien de Delson-Saint-Constant
Pour mieux connaître l'histoire et le rôle des chemins de fer au pays. www.exporail.org/musee/musee_mfc.htm

Sites Web
www.sciencetech.technomuses.ca/francais/about/hallfame/u_io2_f.cfm
Sur le site du Panthéon du Musée des sciences et de la technologie du Canada, un résumé de la vie de Sandford Fleming, comme si c'était lui qui te parlait !
www.histori.ca/minutes/minute.do;jsessionid=2319A81738F7975A3E4362EB0F972E60.tomcat1?id=10328
La fondation Historica a créé une nouvelle minute du patrimoine en l'honneur de Sandford Fleming et consacre une page Web à ce grand ingénieur.
http://cliptrains.i8.com/index.html
Tu y trouveras plein de photos de trains et de locomotives.

Activités et débats

Comment mesurer le temps
Avant l'invention de l'horloge, les gens utilisaient divers instruments pour mesurer le temps. Le plus populaire fut sans doute le cadran solaire. Remonte dans le temps ! Fabrique un cadran solaire et compare l'heure solaire à l'heure normale. Si tu as besoin d'un modèle, utilise le plan proposé sur ce site Web :
http://cadrans_solaires.scg.ulaval.ca/cadransolaire/fabric.html

Un timbre nouveau genre
En 1851, Fleming a conçu le premier timbre-poste qui représentait l'animal emblématique d'un pays, le célèbre Three Penny Beaver. À toi de jouer ! Dessine un timbre pour commémorer la carrière de Fleming ou l'une de ses plus belles réussites.
www.civilisations.ca/cpm/chrono/chc1841f.html
www.canadapost.ca/personal/corporate/about/newsroom/pr/archive-f.asp?prid=283

D'une heure à l'autre
Quand il est midi à Québec, quelle heure est-il dans les capitales des autres provinces canadiennes ? À New York, Paris et Tokyo ?

Un week-end hors du temps !
Pendant des millénaires, les humains ont organisé leurs activités en fonction de la lumière du Soleil et de celle des étoiles. Peux-tu vivre une fin de semaine sans repère temporel artificiel ? Enlève ta montre et débranche les horloges, la télé et la radio. Laisse-toi guider par les heures d'ensoleillement. Les journées sont-elles plus longues ou plus courtes ? Est-ce que tu as l'impression de suivre un horaire normal ?

Jos Venne
L'architecte prévoyant

Au 19ᵉ siècle, c'est un peu l'anarchie dans la construction des édifices. Pas étonnant que les incendies soient si nombreux! Cette question préoccupe beaucoup Jos Venne, l'un des plus importants architectes de l'époque.

Qui est Jos Venne?

Joseph Venne est né le 14 juin 1858, à Montréal. Il commence sa carrière comme apprenti architecte dès l'âge de 15 ans, chez l'un des plus importants architectes montréalais de l'époque, Henri-Maurice Perrault. Jos devient lui-même architecte en 1882. Sa carrière prolifique ne prend fin qu'à sa mort, en 1925.

Dans le passé, les feux étaient beaucoup plus fréquents. Des élèves sont morts brûlés dans l'incendie de leur école.

Tu parles d'une place pour mourir!

J'ai toujours dit que l'école, c'était pas bon pour la santé!

HA! HA!

Si on construit maintenant des écoles à l'épreuve du feu, c'est grâce à des gens comme Jos. Venne.

C'est qui ça, Jos Venne?

Joseph Venne est un grand architecte montréalais, malheureusement trop peu connu aujourd'hui. Il a vécu de 1858 à 1925.

Ah non! Pas un cours d'histoire! Ça m'endort, moi, les cours d'histoire...

Tout jeune, il montre des dons pour le dessin. Il étudie jusqu'à quinze ans chez les Frères des Écoles Chrétiennes, puis entre comme apprenti chez l'architecte Henri-Maurice Perrault. À l'époque...

ZZZZZZzz

Alors, Sébastien, l'histoire, ça t'endort? Et l'architecture, ça t'intéresse?

HEIN?! Que... quoi... qui êtes-vous??

Jos. Venne, architecte.

Co... comment?! Mais vous n'êtes pas mort en ...1925?

Et puis après? J'ai construit cette école, j'ai bien le droit d'y faire une petite apparition de temps en temps...

!?

Tu n'as pas répondu à ma question : ça t'intéresse, l'architecture?

Ben, euh... J'y connais pas grand-chose...

Alors, suis-moi. J'ai deux ou trois choses à te montrer...

Tiens, c'est tout près de chez moi, ici. C'est vous qui avez construit ces maisons?

Mais non, voyons! C'est la rue où je suis né.

Montréal était alors bien différente d'aujourd'hui.

J.E. CYR & Fils

J'ai vu au cours de mon existence tellement de changements bouleverser notre mode de vie...

ONTARIO

On construisait beaucoup. Les maisons étaient généralement bâties en bois. Le code du bâtiment était quasi inexistant et les services d'incendie moins efficaces qu'aujourd'hui...

Un jour...

LA PRESSE
MONTRÉAL. 27 FÉVRIER 1907
L'ÉCOLE HOCHELAGA BRÛLE :
16 écoliers et la directric... périssent.

Il faut revoir le code du bâtiment, établir des normes plus sécuritaires. De plus, il faut utiliser des matériaux ignifuges, comme le béton.

À l'époque, on ne maîtrisait pas encore très bien la technologie du béton. On utilisait les moyens du bord...

Ça va. La consistance est bonne.

FLOC   FLOC

Et nous avons bâti l'école Salaberry, la première école de Montréal à l'épreuve du feu.

Pas mal... Mais à part construire des écoles ininflammables, vous avez fait autre chose ?

Et comment ! En quarante ans de carrière, j'ai réalisé, seul ou avec d'autres, près d'une centaine de projets, à Montréal, ailleurs au Québec et même aux États-Unis.

PERRAULT MESNARD & VENNE

Venne & Labelle architect...

VENNE VENNE & VENNE

J'ai aussi été membre fondateur et président de l'Association des architectes de la province de Québec.

Voici une de mes œuvres les plus marquantes : le Monument National.

C'est ici que j'ai donné, pendant des années, des cours d'architecture pour le grand public. Ah, c'était le bon temps !

Mais qui s'en souvient maintenant ? Les gens oublient tellement vite... Combien de mes œuvres sont tombées sous le pic du démolisseur ?

Mais il y a des gens soucieux de préserver le patrimoine. Ainsi, lorsqu'on a démoli l'église Saint-Jacques pour faire place à l'Université du Québec, on a conservé le clocher de Victor Bourgeau et mon transept sud, que tu vois ici.

Curieux, ces morceaux d'église...

Pour en savoir plus

Livres
Jos Venne architecte, M. Allard. Lidec, 2001
La construction demain, N. Barber et J.-F. Viseur. Éditions Gamma, 1993
Montréal d'est en ouest, M.-J. Cardinal. Éditions Les 400 coups, 1995
Autrefois les bâtisseurs, C. Fagg, et A. Sington, Études vivantes, 1982
L'habitation au fil des siècles, P. Steele, et M. De Visscha. Gamma Jeunesse, 1993

Visite
Le Centre canadien d'architecture de Montréal : des expositions, des visites commentées, une bibliothèque, des films de cinéma sur l'architecture, etc. www.cca.qc.ca/

Films (Tous ces films sont à l'ONF www.onf.ca)
La ville de Montréal vue par les cinéastes d'ici :
- *La P'tite Bourgogne* de Maurice Bulbulian, 1968, 43 min 46 s
- *Les fleurs, c'est pour Rosemont* de Jacques Giraldeau, 1969, 51 min 15 s
- *Notman's World* d'Albert Kish, 1989, 29 min 7 s
- *Le pont Victoria : 8e merveille du monde* de Michel Choquette, 1987, 6 min 56 s
- *Albédo* de Jacques Leduc, 1982, 54 min
- *Les trois Montréal de Michel Tremblay* ou *Promenade dans l'imaginaire d'un écrivain* de Michel Moreau, 1989, 58 min
- *Les amoureux de Montréal* de Jacques Giraldeau, 1992, 79 min 38 s

Sites Web
www.ecomusee.qc.ca
Écomusée du fier monde
www.cca.qc.ca
Centre canadien d'architecture
www.heritagemontreal.qc.ca
Héritage Montréal

Activités et débats

Les architectes de ton quartier
Pars à la découverte du patrimoine architectural de ton quartier ou de ta municipalité. Identifie un édifice qui mériterait d'être classé monument historique. Motive ton choix. Prépare un article sur ce sujet pour le journal de ton école.

Joue à l'architecte
Dessine un plan de ton école (ou d'une partie de celle-ci) et ajoutes-y un élément qui contribuerait selon toi à améliorer la qualité de vie des élèves. Présente ta suggestion à l'ensemble de la classe.

Un patrimoine à protéger
Le *patrimoine architectural*, c'est l'ensemble des constructions que nous ont laissées les générations passées. Dans ta classe, faites un débat sur la protection du patrimoine. Imaginez que, pour construire un nouvel édifice, il faut raser un bâtiment historique de votre ville. Divisez la classe en deux groupes : les POUR et les CONTRE et débattez du sujet.

Irma LeVasseur
La championne des enfants malades

Il y a cent ans, de nombreux Québécois mouraient avant l'âge de 5 ans. Bondés, les hôpitaux refusaient même les jeunes enfants. Montréal avait le plus haut taux de mortalité infantile au pays : 271 décès sur 1 000 naissances. Bouleversée, Irma LeVasseur décide de créer des hôpitaux pour les enfants.

Qui est Irma LeVasseur ?

Irma LeVasseur est née à Québec le 18 janvier 1877. Elle obtient son doctorat en médecine à l'université Saint-Paul du Minnesota (États-Unis). En 1903, elle devient la première femme admise au Collège des médecins et chirurgiens du Québec. Elle se spécialise en pédiatrie, une discipline peu développée chez nous, puis fonde, avec d'autres, l'hôpital Sainte-Justine (à Montréal) et l'hôpital de l'Enfant-Jésus (à Québec). Héroïne de la Première Guerre mondiale, la docteure LeVasseur est décédée le jour de son 87e anniversaire.

À l'époque, la médecine faisait peu de cas des enfants malades, surtout lorsqu'ils venaient de familles pauvres.

De retour au pays après avoir fait sa médecine aux États-Unis et pratiqué la pédiatrie en Europe, Irma Le Vasseur débarque à Montréal, bien décidée à changer les choses.

Pour cela, elle devra frapper aux portes...

Madame de Gaspé Beaubien va vous recevoir dans un instant.

Qu'attendez-vous de moi, Dr Le Vasseur ?

Que vous preniez la présidence du futur hôpital pour enfants de Montréal.

Un hôpital pour enfants ?

Oui, les besoins sont criants. Et je crois qu'un hôpital devrait être autre chose qu'un lieu où l'on vient mourir. En Europe, il existe des établissements réservés aux enfants.

Vous me prenez un peu par surprise... Bien sûr, c'est une œuvre admirable, mais vous savez que la fondation d'un hôpital est une tâche lourde et coûteuse...

J'ai déjà ouvert l'hôpital. Enfin, en quelque sorte... Je garde chez moi un bébé malade.

Ah oui ? Eh bien, j'irai dimanche voir votre petit protégé. Et je ne serai pas seule...

Et le dimanche suivant...

Pauvre petit !

Comme il a l'air malade !

Vous m'avez convaincue, Dr Le Vasseur. J'accepte la présidence du futur hôpital.

C'est ainsi qu'est né l'hôpital Sainte-Justine. De la simple maison de la rue Saint-Denis à l'immense établissement actuel, sur la côte Sainte-Catherine, la route a été longue et il y aurait beaucoup à raconter.

Mais revenons aux (modestes) débuts. Avec un peu d'improvisation et beaucoup de générosité, le nouvel hôpital s'organise...

...deux poches de patates, une dinde, quatre poules, un quartier de boeuf...

...des médicaments, des biberons, un stérilisateur...

...et un ourson en peluche !

Irma peut enfin mettre en pratique ses connaissances en pédiatrie.

Ne bouge pas, ce ne sera pas long...

Ça ne lui fera pas mal, au moins ?

Elle s'occupe aussi de la formation des nouvelles infirmières.

Le manque d'hygiène, de nourriture, le froid et l'humidité causent bien des maladies infantiles comme le rachitisme et la tuberculose. Et souvent la mort.

Au bout d'un an, l'hôpital a accueilli près de 800 enfants.

Qui sait combien de ces enfants manqueraient à l'appel si l'hôpital n'existait pas ?

1915. La guerre ravage l'Europe. En Serbie, la situation est grave : une maladie infectieuse, le typhus, tue plus que les balles. L'épidémie fera plus de 800 000 victimes en deux ans.

Irma LeVasseur a répondu à l'appel.

Mauvaises nouvelles, Docteur : le bateau a coulé en mer Égée !

QUOI !?!

19

Tous les médicaments sont perdus ! Plus de farine, plus de lait ! Et les bombardements qui reprennent ! Cela va-t-il finir un jour ?

Tout a une fin, même les guerres et les épidémies... En 1923, Irma est de retour à Québec, sa ville natale, pour y ouvrir, en compagnie de deux collègues, un dispensaire pour enfants malades...

...sur la Grande Allée, juste à côté du Parlement.

Voilà, c'est ici.

Vous avez payé 30 000 $ pour cette maison ? C'est beaucoup...

Et les voisins ?

Je doute qu'ils voient d'un très bon œil tous ces indigents circuler dans le quartier.

Eh bien, tant pis ! Nous n'avons pas d'autre choix que de réussir. J'ai investi toutes mes économies dans le projet...

L'entêtement d'Irma LeVasseur finira par porter fruit. Le dispensaire de la Grande Allée deviendra l'hôpital de l'Enfant-Jésus, ainsi nommé en souvenir du premier hôpital pour enfants, fondé à Paris en 1801.

Elle quitte l'hôpital en 1927 et fonde, pour les enfants handicapés, une clinique ainsi qu'une école, qui deviendra l'école Cardinal-Villeneuve.

FIN

Malgré toutes ces réalisations, Irma LeVasseur finira ses jours pauvre et oubliée, en 1964.

Pour en savoir plus

Livres

Docteure Irma, Tome 1 - La louve blanche (roman historique), Pauline Gill. Québec Amérique, 2006
Une femme, mille enfants : Justine Lacoste Beaubien, 1877-1967, Madeleine des Rivières. Bellarmin, 1987 (Un chapitre est consacré à Irma LeVasseur)
Justine Lacoste-Beaubien : au secours des enfants malades, Anne-Marie Sicotte. XYZ éditeur, 2002

Visite

L'exposition permanente « Montréal en cinq temps » du **Centre d'histoire de Montréal** présente des personnages comme Irma LeVasseur. http://ville.montreal.qc.ca/portal/page?_pageid=2497,3634052&_dad= portal&_schema=PORTAL

Film

La grande dame de Sainte-Justine et *L'Hôpital Ste-Justine : une leçon d'acharnement* (VHS - pour le regarder sur place uniquement). Médiathèque de Sainte-Justine. Renseignements (514) 345-4677.

Sites Web

www.collectionscanada.ca/women/002026-408-f.html
Courte biographie sur le site de la Bibliothèque nationale du Canada.
bilan.usherbrooke.ca/bilan/pages/biographies/298.html
Une biographie dans le Bilan du siècle de l'Université de Sherbrooke.
www.chu-sainte-justine.org/fr/famille/chu/histoire.aspx
Un court historique de la fondation de l'Hôpital Sainte-Justine.

Activités et débats

Hôpital pour enfants ou pour tous ?

C'est seulement dans les grandes villes comme Québec et Montréal qu'il y a des hôpitaux réservés aux enfants. Toi, as-tu déjà été hospitalisé ? Dans un hôpital pour enfants ? Les hôpitaux pour enfants sont-ils meilleurs que les hôpitaux généraux ? Fais une recherche sur Internet sur les hôpitaux pour enfants à travers le monde.

Les téléthons

Les hôpitaux pour enfants et les organismes de recherche sur les maladies infantiles organisent régulièrement des téléthons pour ramasser des fonds. En classe ou en famille, discutez des avantages et des inconvénients des téléthons. Est-ce une bonne façon d'aider les enfants malades et les chercheurs en médecine ? Toi ou ta famille, contribuez-vous à de tels appels publics ? Pourquoi ?

Le prix Irma-LeVasseur

À la Super expo-sciences Bell, on remet le prix Irma-LeVasseur (une bourse de mille dollars) à la jeune fille qui a présenté le meilleur projet. Cela, pour encourager les filles à présenter des projets aux expo-sciences. Est-ce que c'est encore une bonne idée de réserver un prix aux filles dans les expo-sciences ?

Elizabeth « Elsie » MacGill
Une pionnière de l'aviation

Première femme au monde à concevoir des avions, l'ingénieure canadienne Elizabeth MacGill participa à l'amélioration du chasseur *Hurricane*, qui joua un rôle essentiel durant la Deuxième Guerre mondiale. Notre histoire commence un peu avant la guerre, en Ontario.

Qui est « Elsie » MacGill ?

Elizabeth MacGill est née le 27 mars 1905 à Vancouver. Première femme diplômée en génie électrotechnique de l'université de Toronto en 1927, Elsie s'intéresse à la conception d'avions. Elle est la première femme ingénieure en aéronautique en Amérique du Nord et la première femme au monde à concevoir des avions. Grande défenderesse des droits des femmes et des personnes handicapées, elle s'est éteinte le 4 novembre 1980.

Allons, lieutenant Brown, calmez-vous !

Si vous continuez à maltraiter votre appareil, il va vous lâcher, c'est sûr !

Je voudrais bien vous y voir, vous, madame l'ingénieure en chef ! C'est pas des roues qu'il faudrait à ce ✲✦❋⊙❉ d'avion, c'est des SKIS !!

Des skis... Pas bête comme idée... Je vais étudier la question.

En attendant, jetez donc un coup d'œil à notre nouvel avion d'entraînement, le *Maple Leaf II*.

Ouais... Pas mal !

On procède en ce moment aux essais aérodynamiques en soufflerie. Suivez-moi, je vais vous montrer.

Quoi que vous en pensiez, on TRAVAILLE, à la Can-Car...

Euh... Excusez-moi pour tout à l'heure. Je me suis un peu emporté...

Vous savez, c'est pas drôle tous les jours, la vie de pilote. Quel métier de fou !

Si vous saviez pourtant combien j'aimerais être à votre place...

À l'âge de 25 ans, Elsie MacGill a été victime de la polio.

Elle ne marchera plus jamais, j'en ai bien peur.

N'en soyez pas si sûr, Docteur. On a la tête dure dans la famille !

À force d'acharnement, Elsie vient à bout de terminer ses études en aéronautique...

...et parvient à marcher à nouveau.

Voilà. C'est ici qu'ont lieu les essais.

WIND TUNNEL

DANS CE TUNNEL, LES VENTILATEURS PRODUISENT UN FLUX D'AIR...

...CE QUI NOUS PERMET D'ÉTUDIER LES FORCES ET LES PRESSIONS SUR L'APPAREIL EN LES CALCULANT MATHÉMATIQUEMENT.

QUOI??

On évite ainsi de nombreuses erreurs de conception.

Mais les essais en vol restent encore la meilleure façon de tester un appareil !

Même si son handicap l'empêche de prendre les commandes, Elsie tient à prendre part à chaque vol d'essai.

Ah! Voilà enfin Miss Répare-ça! Je te cherchais partout!

Willie, on ne m'appelle plus comme ça depuis que j'ai 13 ans! Montre-moi plutôt ce que tu as sous le bras.

C'est le chasseur britannique *Hurricane* ✳, de la compagnie Hawker.

✳Ouragan.

Le *Hurricane* est en métal et en bois, pèse deux tonnes, mesure 10 mètres de long, 4 mètres de haut, avec une envergure de 12 mètres, et atteint 500 km/heure. Il possède une autonomie de 780 km, est équipé d'un moteur Rolls-Royce V12... et de huit mitrailleuses.

HAWKER HURRICANE MK I

En Europe, la guerre est imminente. Les Anglais redoutent une attaque surprise des Allemands et doivent se lancer dans la production intensive d'avions de combat pour la *Royal Air Force*.

Tu es chargée de superviser toute la production du *Hurricane* au Canada. Voici d'ailleurs les plans détaillés des 25 000 pièces de l'appareil.

Rien que ça?!?

Tu devras aussi mettre au point une version adaptée aux conditions hivernales... Hum! Je crois qu'avec tout ça, je n'aurai pas la chance de te voir beaucoup...

C'est peut-être mieux ainsi...

Elsie ne sait pas encore que, quatre ans plus tard, elle épousera son collègue, l'ingénieur William Soulsby.

Pour l'instant, elle a d'autres préoccupations: pour remplir la commande de la RAF, elle a sous ses ordres près de 4500 ouvriers...

...et ouvrières.

Ça va, Rosie?

Septembre 1939. La guerre éclate !

À l'été 1940, c'est la bataille d'Angleterre.

Les 26 escadrilles de la RAF ont détruit plus d'avions ennemis au cours de cette bataille que les défenses terrestres et aériennes combinées.

À Malte, en 1942, 70 Hurricane repoussent les assauts de 600 appareils allemands et italiens.

FIN

Au total, de 1939 à 1943, près de 1500 Hurricane sont sortis de la chaîne de production canadienne et ont joué un rôle clé dans la Seconde Guerre mondiale.

RESSOURCES

Pour en savoir plus

Livres

Les avions : pour les faire connaître aux enfants. Éditions Fleurus, 2001
La conquête du ciel. Les yeux de la découverte, Gallimard
Ingénieurs à l'œuvre : Les avions de ligne, Nigel Cawthorne et Louis Morzac. Éditions Gamma, 1989
Les Avions, Chris Oxlade. Collection Entrez chez..., Grund, 2006

Visites

Le Musée de l'aviation du Canada (Ottawa)
www.aviation.technomuses.ca/
Musée canadien de la guerre, (Ottawa)
www.museedelaguerre.ca/cwm/cwmf.asp

Films

Rosies of the North, par Kelly Saxberg, Office national du film (48 min, 1999)
Les As du ciel : chronique de la première guerre des airs, par Raoul Fox (1994, 92 min). Office national du film www.nfb.ca/trouverunfilm/index.php?v=h&lg=fr

Sites Web

www.collectionscanada.ca/women/002026-409-f.html
Site de la Bibliothèque nationale du Canada
www.sciencetech.technomuses.ca/francais/about/hallfame/u_i14_f.cfm
Un portrait de l'ingénieure écrit à la première personne sur le site du Panthéon du Musée des sciences et de la technologie du Canada.
www.imagescanada.ca/r1-116-f.php?trail=trail9
L'aviation canadienne en images
www.avions-militaires.net/
Site sur les avions militaires d'hier et d'aujourd'hui. Tu trouveras une centaine de fiches avec la description et la photo des avions.

Activités et débats

La bataille des airs

La Deuxième Guerre mondiale (1939-1945) est le premier grand conflit où l'aviation joue un rôle déterminant. Fais une recherche sur ce rôle et sur les principaux avantages des avions par rapport aux navires et aux chars d'assaut.

Quel handicap ?

Elsie MacGill a réussi à surmonter son handicap pour jouer un rôle très actif dans la société. Aujourd'hui, alors que la science et la technologie leur donnent toujours plus d'autonomie, les personnes handicapées peuvent-elles s'intégrer totalement à la société, au marché du travail en particulier ? En classe, organisez une discussion sur ce thème.

Une femme chez les hommes

Elsie MacGill n'est pas la seule femme à s'être illustrée dans un domaine traditionnellement masculin. Pense à l'astronaute Julie Payette, à la physicienne Ursula Franklin (page 33) et aux politiciennes Pauline Marois et Line Beauchamp. Connais-tu d'autres femmes engagées dans des métiers réputés masculins ? D'après toi, y a-t-il encore des métiers où les femmes ne sont pas les bienvenues ?

Alphonse Ouimet

Le père de la télévision au Canada

Un monde sans télévision ? Difficile à concevoir pour toi, mais pas pour tes grands-parents. C'est en 1952 qu'a débuté la télévision au Canada. Et sans Alphonse Ouimet, tes grands-parents auraient attendu encore plus longtemps !

Qui est Alphonse Ouimet ?

Ingénieur en électricité, Alphonse Ouimet est né le 12 juin 1908 à Montréal. On lui doit entre autres la fabrication du premier téléviseur au pays et l'établissement du réseau de stations de Radio-Canada de l'Atlantique au Pacifique. De 1958 à 1967, il est président de Radio-Canada. En 1969, il devient président de Telesat Canada, une compagnie spécialisée dans la retransmission par satellite. Alphonse Ouimet meurt le 20 décembre 1988.

25

C'est... C'est qui, lui ?

Alphonse Ouimet. On l'a surnommé « le père de la télévision au Canada. »

Ah, oui ?

Tout a commencé il y a plus de 70 ans.

Alphonse, viens souper !

Oui, oui, j'arrive...

BOUM

Ses premières expériences ne furent pas toujours couronnées de succès...

...Mais ce qu'il en apprit devait lui servir pour toujours. Après de brillantes études en génie électrique, Alphonse se cherche du travail. Les emplois sont rares...

YOUPI ! Je suis embauché ! Je commence demain comme ingénieur à la *Canadian Television Limited* !

La quoi ?

La *Canadian Television Limited* ! Nous allons fabriquer des TÉLÉVISEURS, comme les Européens et les Américains !

Le lendemain...

Ce que j'attends de vous ? C'est très simple : vous devez mettre au point un récepteur, un émetteur, les mécanismes de synchronisation...

...et tout le matériel nécessaire à une démonstration publique de notre système.

Rien que ça ?

Notre jeune ingénieur et son équipe doivent tout créer à partir de rien, ou presque. Mais finalement...

Vous avez sous vos yeux le premier téléviseur canadien !

Bravo !

Vous verrez, ça ne fait que commencer !

En octobre 1932, au magasin Ogilvy's, à Montréal...

STE-CATHERINE W. CRESCENT ST

Je suis curieuse de voir cette fameuse boîte magique !

Vous croyez que cette chose a de l'avenir ?

Poussez pas !

Allons, circulez ! Il y a plein de gens dehors qui attendent leur tour !

S'il vous plaît, Madame...

Mais... où sont les acteurs ?

Ben, voyons... dans la boîte !

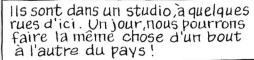

Ils sont dans un studio, à quelques rues d'ici. Un jour, nous pourrons faire la même chose d'un bout à l'autre du pays !

D'un bout à l'autre du pays...

Ça n'allait pas être facile. C'est grand, le Canada ! D'autant plus que la *Canadian Television Ltd*. fait faillite peu de temps après...

Alphonse Ouimet se retrouve à l'emploi de Radio-Canada. À l'époque, la société d'État ne s'occupe que de radio.

Mais il n'a pas renoncé à son rêve.

Radio-Canada doit emboîter le pas ! Nous sommes déjà en retard sur l'Angleterre et les États-Unis !

La télévision... Un autre jouet coûteux et inutile !

Si seulement vous compreniez les immenses possibilités que nous offre ce « jouet ».

Alphonse Ouimet finit par convaincre ses patrons... dix ans plus tard ! En 1947, on l'envoie à l'étranger étudier les derniers développements dans le domaine.

Il en revient plus convaincu que jamais.

...et il faudra de grands studios pour produire des émissions dramatiques de qualité.

Mais c'est une tâche énorme !

On pourrait simplement rediffuser des émissions américaines. Ce serait beaucoup moins cher...

Donnez-nous quinze ans, à moi et à mon équipe, et je vous promets un véritable réseau national !

Au bout de cinq ans seulement, le cœur du réseau était en place. Le 6 septembre 1952, on inaugurait la station CBFT, à Montréal...

...deux jours plus tard, c'était CBLT, à Toronto.

En juin 1953, on reliait par micro-ondes les deux stations, ainsi qu'une troisième, à Ottawa.

27

Pour en savoir plus

Livres

La radio et la télévision, Peter Lafferty, 39 p., Epigones, 1997
La télévision et la vidéo, Ian Graham, 32 p., École active, 1992
Les Télécommunications, Michel Pellaton. Collection Un œil sur, Édition PEMF, 2003
Zoom sur les télécommunications, Fabienne Pochart, coll. Zoom, Hachette, 2000

Visites

Le musée de Radio-Canada (Toronto, Ontario)
www.cbc.ca/museum/
Le Musée des sciences et de la technologie du Canada (Ottawa, Ontario)
www.sciencetech.technomuses.ca/francais/about/communications.cfm
Le Musée des ondes Émile Berliner (Montréal)
www.berliner.montreal.museum/

Film

L'Affaire Bronswick
Un film humoristique sur l'influence de la télévision... Ne sois pas trop crédule !
Office national du film 514 283-9000 ou 1 800 267-7710

Sites Web

www.sciencetech.technomuses.ca/francais/about/hallfame/u_i16_f.cfm
Une courte biographie d'Alphonse Ouimet, membre du Panthéon
de la science et de l'ingénierie canadiennes.
www.sciencetech.technomuses.ca/francais/collection/mire.cfm
Dans la mire, sur le téléviseur Ouimet et son système de balayage de signaux
www.sciencetech.technomuses.ca/francais/collection/television.cfm
Voir aussi, la partie consacrée à la Télévision /Aperçu d'une collection
http://archives.radio-canada.ca/IDD-0-72-918/arts_culture/crtc
Sur le site officiel de Radio-Canada, 1929-1976, « De la radiodiffusion
aux télécommunications », un historique regroupant les principaux
faits saillants de l'histoire de la radio et de la télévision.

Activités et débats

Pour ou contre ?

La télévision est une merveilleuse invention. Elle peut à la fois divertir et éduquer, faire rire et pleurer, détendre et choquer. Mais on lui reproche souvent d'encourager la violence, d'inciter à la paresse, de détourner les jeunes de loisirs plus créatifs, etc. Avec les élèves de ta classe, organise le procès de la télévision. Avocats de la couronne et de la défense, juge, jurés... Préparez bien vos arguments et, surtout, soyez convaincants.

La télé de demain

Il y eut d'abord la télévision en noir et blanc. Beaucoup plus tard vinrent la couleur, le câble, les satellites et, tout récemment, la télévision haute définition. Quels perfectionnements vont suivre ? Comment imagines-tu la télé de l'avenir ? Interactive ? En trois dimensions ? Laisse libre cours à ton imagination...

Vivre sans télé

Trois enfants d'une ancienne employée des Débrouillards ont gagné un pari avec leurs parents : ils ont passé un an sans jamais regarder la télévision. Toi, tu serais capable de te passer complètement de télé pendant combien de temps ?

RESSOURCES

Gustave Gingras
Un médecin sans handicap

Il y a 65 ans, les personnes handicapées étaient généralement traitées comme des malades. Pas question de travailler, ni d'avoir des loisirs ou des activités sportives, encore moins d'avoir des enfants ! Mais en 1945, un jeune médecin montréalais, le Dr Gustave Gingras, décide que cette situation doit changer.

Qui est Gustave Gingras ?

Gustave Gingras est né à Montréal en 1918. Il obtient son diplôme de médecin en 1943, durant la Deuxième Guerre mondiale. Préoccupé par le sort des paraplégiques, il se consacre à la médecine de réadaptation au Québec. En 1963, il fonde l'Institut de réadaptation de Montréal. Puis il aide à créer des centres de réadaptation et à former des spécialistes au Maroc, au Venezuela et au Viêt-Nam. À la fin de sa vie, la paralysie le frappe. Il meurt en 1996.

Vas-y Nadine!

OUIIII!

!?

Elles en ont fait du chemin, les personnes handicapées depuis cinquante ans, que ce soit sur leurs deux jambes ou bien en fauteuil roulant. Et c'est un peu grâce au docteur Gustave Gingras...

1945. La 2e Guerre mondiale vient de se terminer. À l'hôpital de Ste-Anne-de-Bellevue, près de Montréal...

Est-ce que je pourrai marcher à nouveau, Docteur?

Comment faire pour récupérer l'usage de mes bras?

Quelle sorte de vie peut avoir un paraplégique?

Eh bien, je ne voudrais pas vous donner de faux espoirs...

Voyez-vous, votre cerveau est comme un central téléphonique. Il envoie et reçoit les messages par la moelle épinière.

Lorsque cette ligne de transmission est coupée, les messages ne passent plus. La moelle épinière sectionnée, la victime ne peut plus bouger ses membres ni ressentir quoi que ce soit au delà de la zone touchée.

Je sais, ce n'est pas facile pour vous, mais il ne faut pas perdre courage. Venez, nous allons faire un tour dans le parc, il fait un temps superbe aujourd'hui.

Avec des fauteuils en bois, lourds et peu maniables, la circulation n'est pas évidente... D'autant plus qu'il n'y a pas de rampe d'accès!

Il faudrait des bâtiments adaptés à leurs besoins. Un seul étage, de larges ouvertures, des interrupteurs et des poignées de porte accessibles...

Comment se fait-il qu'ils aient presque tous des plaies de lit?

Ce sont des infirmes... Ils ne peuvent tout de même pas faire de l'exercice!

Pourquoi pas? Ce serait toujours mieux que les somnifères!

30

Et bientôt...

Ils font des progrès.

Oui. Et ce serait encore mieux si nous avions un vrai gymnase, une piscine...

...et aussi un atelier de prothèses.

Aie!

Le Dr Gingras et son équipe ne ménagent aucun effort pour donner aux handicapés une vie aussi normale que possible.

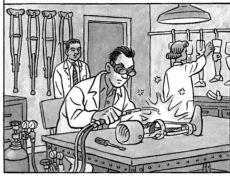

Allez, Rachel, tu peux y arriver!

23 secondes! Bravo, Rachel!

Ainsi, vous avez persuadé le maire de vous prêter un vrai feu de circulation?

Ça valait la peine, non?

Vas-y, Maurice!

Mais pour qu'un handicapé prenne sa place dans la société, il faut d'abord lui permettre de travailler.

Docteur Gingras?

Je m'appelle Helen Regan. On m'a dit que vous cherchiez une secrétaire.

Euh... Vous savez taper à la machine, mademoiselle?

1952. Le Dr Gingras et ses protégés déménagent au sous-sol de l'hôpital des Convalescents de Montréal.

J'espère que la prochaine fois, ce sera dans nos murs!

En attendant, ce n'est pas le travail qui manque...

En 1953, épidémie de polio. Le Dr Gingras et son équipe se rendent au Saguenay-Lac St-Jean où 700 personnes sont atteintes.

La même année, les Nations Unies lui confient l'aménagement d'un centre de réadaptation pour les accidentés du travail au Venezuela.

En 1959, 10 000 Marocains sont paralysés après avoir consommé de l'huile d'olive contaminée. Le Dr Gingras dirige les équipes internationales de réadaptation.

1962. C'est la réalisation d'un vieux rêve: l'Institut de Réhabilitation de Montréal ouvre enfin ses portes.

31

Pour en savoir plus

Livres

Combats pour la survie, Dr Gustave Gingras. Robert Laffont-Opera Mundi, 1975
L'Institut de réadaptation de Montréal, 50 ans d'histoire,
Danielle Choquette. Institut de réadaptation de Montréal, 1999
Un copain pas comme les autres, Sylvie Allemand-Baussier.
Éditions de La Martinière jeunesse, 2000
Le nouveau de la classe, Jean Gervais. Boréal, 1992
Les handicapés, Pete Sanders. Gamma, 1992

Film

Ce sera pas toujours facile, de Jean-Thomas Bédard
26 min, ONF, 1996. L'histoire de France, 18 ans,
devenue quadriplégique à la suite d'un plongeon.
www.nfb.ca/FMT/F/MSN/35/35112.html

Sites Web

www.virtualmuseum.ca/Exhibitions/Medicentre/fre/ging_print.htm
Une courte biographie dans le temple de la renommée médicale canadienne.
http://archives.cbc.ca/IDC-0-10-1851-12374/vie_societe/handicapes_
services/clip2
Gustave Gingras, père de la réadaptation, un portrait dans les archives de la CBC.
http://fr.wikipedia.org/wiki/Chirurgie_orthop%C3%A9dique
Un historique de la chirurgie orthopédique qui parle du Dr Gingras.
www.irm.qc.ca/
Institut de réadaptation de Montréal, on y trouve un portrait du Dr Gingras.
www.sciencepresse.qc.ca/kiosquehan.html
Le kiosque d'information de l'Agence Science-Presse sur les handicaps.

Activités et débats

Une école adaptée

Quelques élèves en fauteuil roulant vont bientôt fréquenter ton école. Celle-ci peut-elle les recevoir adéquatement ? Fais le tour de ton école en imaginant que tu es en fauteuil roulant... Quelles modifications devront être apportées à l'édifice ? La direction sera-t-elle capable de payer le coût des travaux ? Devra-t-elle couper certaines dépenses, comme l'achat de livres pour la bibliothèque ? Organise un débat dans ta classe sur ce sujet.

Les obstacles psychologiques

D'après toi, qu'est-ce qui est le pire pour une personne handicapée : les obstacles physiques (marches d'escaliers, portes étroites, etc.) ou les obstacles psychologiques ? Les obstacles psychologiques, ce sont par exemple les attitudes et opinions des autres personnes à l'effet qu'une personne avec un handicap est moins compétente qu'une autre, etc.

La technologie à la rescousse

Les progrès de la technologie permettent aujourd'hui de fabriquer des prothèses très performantes. Fais une recherche sur les équipements disponibles pour les personnes atteintes de telle ou telle incapacité (surdité, cécité, paraplégie).

RESSOURCES

Ursula Franklin
La détective de la préhistoire

Depuis des millénaires, les humains fabriquent des objets du quotidien (outils, vases, couteaux, etc.) en utilisant différentes technologies. Aujourd'hui, on comprend mieux comment nos lointains ancêtres procédaient. Cela, en grande partie grâce aux travaux de la physicienne et ingénieure Ursula Franklin, qui a su redonner une voix aux artisans du passé.

Qui est Ursula Franklin?

Pionnière de l'archéométrie, Ursula Franklin est née en Allemagne en 1921. Après la guerre, elle émigre au Canada, avec un doctorat en physique expérimentale en poche. S'intéressant autant à la physique qu'à l'archéologie, elle utilise des équipements scientifiques modernes pour développer l'archéométrie, l'analyse scientifique des artefacts des civilisations passées. Grande humaniste, Ursula Franklin a reçu de nombreux honneurs, dont le prix Pearson pour la Paix.

Université de Toronto, 1980...

Magnifique !

Professeur Franklin, je voulais vous demander...

Entre.

Qu'est-ce que c'est ?

Un *oulou*, une sorte de couteau dont se servaient les Inuits. Vu sa taille réduite, il appartenait peut-être à un enfant. Il est en cuivre, ce qui est remarquable pour un objet datant de l'âge de pierre.

C'est *high tech* !

Ils ramassaient dans le lit des rivières de minuscules morceaux de cuivre avec lesquels ils façonnaient divers outils.

Comment faites-vous pour savoir tout cela ?

Les objets nous parlent. Il faut savoir les écouter.

Même ce petit tas de débris ? On dirait de la nourriture pour chiens...

Un peu de respect, tout de même !

Ce sont les résidus de cuivre des grandes fonderies incas. Ils peuvent nous en dire long sur cette civilisation perdue.

Il s'agit de se poser les bonnes questions : quel âge ont les objets ? D'où viennent-ils ? Quelle est leur composition ? Quelle technique a-t-on utilisée pour les fabriquer ?

Tout ça à partir de minuscules fragments ? C'est une vraie enquête policière !

Tout juste. Nous faisons subir aux objets un véritable interrogatoire scientifique, faisant appel aux méthodes les plus avancées : radiographie, activation neutronique, compteur de radioactivité...

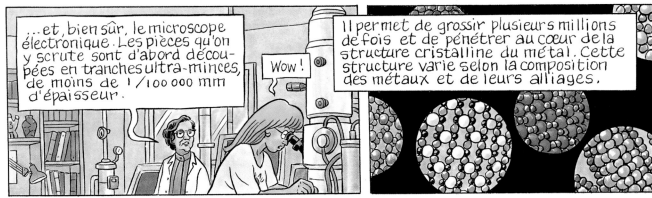

...et, bien sûr, le microscope électronique. Les pièces qu'on y scrute sont d'abord découpées en tranches ultra-minces, de moins de 1/100 000 mm d'épaisseur.

Wow !

Il permet de grossir plusieurs millions de fois et de pénétrer au cœur de la structure cristalline du métal. Cette structure varie selon la composition des métaux et de leurs alliages.

Mais ces techniques ne nous renseignent pas seulement sur le passé. Elles peuvent nous éclairer sur des questions beaucoup plus actuelles.

En 1961, j'ai entrepris, pour l'organisation pacifiste *Voix de Femmes*, une vaste étude sur l'impact des essais nucléaires dans le Grand Nord canadien.

Nous avons recueilli les dents de lait des enfants autochtones. Vois-tu, la matière vivante est comme une éponge.

J'y ai détecté une teneur alarmante en strontium 90, une substance radio-active provenant des retombées nucléaires.

C'est effrayant!! Votre étude a dû avoir un impact énorme!

Elle n'a jamais été publiée! Figure-toi que les dents, les analyses, tout a mystérieusement disparu... Une vraie farce! Mais nos résultats ont tout de même poussé les États-Unis à cesser les essais nucléaires de surface en 1963.

L'étude du passé peut aussi nous apprendre beaucoup sur le monde d'aujourd'hui. Regarde par exemple cette pièce de bronze. Elle vient d'un vase rituel, fabriqué en Chine il y a plus de 3000 ans.

Ce vase énorme, de plus de 800 kg, a été coulé d'une seule pièce. Déjà à l'époque, le travail des artisans chinois était très organisé, très hiérarchisé.

Cette division du travail préfigure celle que connaîtra l'Occident beaucoup plus tard, lors de la révolution industrielle.

Tu sais, la technologie, c'est plus qu'une accumulation de machines, de gadgets et de bidules. Les outils, les techniques que nous utilisons forgent notre façon d'être et de penser. Ils font partie de notre culture.

Pour en savoir plus

Livres

L'archéologie, Viviane Koenig. Édition de la Martinière, collection Cogito, 2006
L'archéologie, Christine et Francis Dieulafait. Milan, 2006
L'histoire de l'archéologie, Jean-Paul Demoule. Gallimard Loisirs, 2006

Visites

Le Musée d'archéologie Pointe-à-Callière
www.pacmusee.qc.ca/index.aspx
Musée minéralogique et minier de Thetford Mines
www.museemineralogique.com/expositionsPermanentes.asp
Lieu historique national des Forges-du-Saint-Maurice (Trois-Rivières)
www.pc.gc.ca/lhn-nhs/qc/saintmaurice/index_f.asp

Jeux

Une épave raconte
Devenir archéologue et résoudre le mystère d'une épave hantée par des fantômes...
http://uneepaveraconte.net/francais/index.htm
Mystère en archéologie
Produit et distribué par le Musée Pointe à Callière
Disponible dans le réseau des bibliothèques de Montréal (consultation et prêt).

Vidéo

L'usure des matériaux : deux mille ans, ça use énormément
Science-Friction, Cassette 28, Télé-Québec. http://collectionvideo.qc.ca/

Sites Web

www.collectionscanada.ca/women/002026-404-f.html
Ursula Franklin
www.mcc.gouv.qc.ca/phips/phips1.htm
Le Sauvetage archéologique du Phips
www.civilisations.ca/archeo/nadlok/nadlokf.html
Nadlok ou les origines du cuivre

Activités et débats

Fouille et tu trouveras !

Comme spécialiste de l'archéométrie, Ursula Franklin a participé à plusieurs fouilles archéologiques. Aimerais-tu organiser une fouille archéologique ? Dans ta cour ou ton jardin, trouve un endroit où tu peux creuser. Avec un morceau de ficelle, délimite un carré de terre d'environ 50 cm de côté. Utilise une petite pelle et creuse doucement à l'intérieur de ce carré. Que remarques-tu ? La terre change-t-elle de couleur à mesure que tu creuses ? Pourquoi ? Tu trouveras peut-être quelques cailloux ou quelques objets. Nettoie-les à l'aide d'une vieille brosse à dents. Observe bien les cailloux, ils pourraient révéler quelques fossiles !

Les objets parlent !

Comme Ursula Franklin, tu peux faire parler les objets. Pour cela, il faut poser les bonnes questions. Choisis un objet qui te semble assez vieux. Dans un cahier, trace un dessin ou colle une photo de l'objet. Décris l'objet et pose-toi les questions suivantes : quelle est la date de fabrication de cet objet ? d'où provient-il ? de quoi est-il fait ? comment a-t-il été fabriqué et par qui ? à quoi et à qui servait-il ? Note toutes ces nouvelles informations dans ton cahier. Conserve dans ce cahier les résultats de tes recherches.

RESSOURCES

Hubert Reeves

L'astrophysicien au cœur d'écologiste

Comment l'Univers a-t-il commencé ? D'où venons-nous ? Où allons-nous ? La science ne pourra sans doute jamais régler ces grandes interrogations, mais elle nous donne des éléments de réponse. L'astrophysicien Hubert Reeves fouille ces questions et les explique merveilleusement bien.

Chercheur et communicateur

Hubert Reeves est né à Montréal en 1932. Après son doctorat en astrophysique nucléaire, il enseigne au Département de physique de l'Université de Montréal et travaille comme consultant pour la NASA. Puis il est nommé directeur de recherche au Centre national de la recherche scientifique, à Paris. Au fil des ans, il reçoit de nombreux prix et distinctions, dont le prix Albert Einstein, en 2001. Écrivain et conférencier remarquable, il écrit plusieurs livres de vulgarisation scientifique, dont *Patience dans l'azur*, traduit en 25 langues. Préoccupé par l'avenir de la Terre, il se consacre de plus en plus à la cause environnementale.

Depuis 1999, l'astéroïde 9631, situé quelque part entre les orbites de Mars et Jupiter, porte le nom d'Hubert Reeves.

Un honneur de plus pour le célèbre astrophysicien !

Tout a commencé avec une passion pour l'astronomie...

Vinrent ensuite les études universitaires, auprès des plus grands noms de l'astrophysique...

...puis l'enseignement et les travaux de recherche : réactions thermonucléaires au cœur des étoiles, origine des éléments légers, densité de l'Univers...

Après quelques années à la NASA, l'agence spatiale américaine, il se retrouve en France, au Centre national de la recherche scientifique, où il est nommé directeur de recherche et affecté au Commissariat de l'énergie nucléaire.

Avec le temps, il ressent le besoin de transmettre ses connaissances et ses idées à un large public.

En 1981 paraît son premier livre de vulgarisation scientifique « Patience dans l'Azur », qui connaît un succès immédiat.

Ce livre sera suivi de plusieurs autres. Hubert Reeves est désormais célèbre.

Il multiplie les apparitions publiques et les conférences.

La lumière la plus ancienne qu'on ait détectée a voyagé près de 15 milliards d'années dans l'espace avant de nous atteindre. Elle aurait été émise peu après le *Big Bang*, la grande explosion cosmique marquant le départ de l'Univers.

L'Univers à ses tout débuts est une masse informe de particules, incroyablement chaude, incroyablement dense, tellement dense qu'aucune lumière ne peut s'en échapper. Sous l'impulsion du *Big Bang*, il commence à prendre de l'expansion, tout en se refroidissant.

Puis, dans les premières secondes, des liens se créent au hasard des rencontres entre les particules, donnant naissance aux premiers atomes d'hydrogène et d'hélium : les ancêtres de tout ce qui existe !

L'Univers commence ensuite à émettre de la lumière. Il continue de s'étendre et de se refroidir, mais, çà et là, sous l'effet de la gravité, la matière se concentre et se réchauffe pour former les premières galaxies et les premières étoiles. L'espace s'organise.

Les étoiles ne sont pas éternelles. Elles naissent et meurent. Au cours de leur existence, elles ont une tâche à accomplir...

Comme de gigantesques réacteurs nucléaires, elles dégagent en se consumant d'énormes quantités d'énergie. Au cœur des étoiles, à partir de l'hydrogène et de l'hélium, sont formés les atomes plus lourds : carbone, oxygène, azote...

...puis, génération d'étoile après génération d'étoile, tous les autres éléments qui peupleront l'Univers.

Notre Soleil existe depuis 4,5 milliards d'années. Il est presque arrivé au milieu de sa vie.

L'existence d'une plus grosse étoile est beaucoup plus brève. Elle finira ses jours en *supernova*, par une formidable explosion aussi lumineuse qu'un milliard de soleils, qui ensemencera l'espace de la matière forgée en elle.

Ainsi, l'Univers s'organise et progresse sur la voie de la complexité, par une série d'innombrables essais et erreurs, et par quelques réussites.

La matière interstellaire se condense pour former des systèmes planétaires autour des étoiles.

Les atomes s'associent pour former des molécules, de plus en plus élaborées.

Enfin, une planète - la nôtre - réunit les conditions nécessaires à l'apparition de la vie : température, eau, atmosphère.

Ces conditions pourraient-elles se retrouver ailleurs ? Pourquoi pas ?

Et la chaîne se poursuit...

Rien ne dit qu'elle se termine avec nous...

Mais, pour la première fois, peut-être, des êtres vivants sont capables de réfléchir et de comprendre d'où ils viennent...

Mais aussi, hélas! de détruire leur propre milieu de vie.

À cause de nous, la Terre a bien des problèmes : pollution, réchauffement du climat causé par l'effet de serre, disparition d'espèces de plus en plus nombreuses, gaspillage des ressources.

J'ai déjà cru que le nucléaire était la source d'énergie du futur, destinée à remplacer le pétrole et le charbon. J'ai changé d'idée depuis : le nucléaire est un héritage beaucoup trop hasardeux à léguer à nos descendants.

Nous devons nous tourner vers des énergies inépuisables et non polluantes. Nous devons surtout réévaluer nos besoins et apprendre à penser différemment.

Il est encore temps de faire quelque chose. C'est à nous d'y voir.

FIN

Pour en savoir plus

Livres

L'Univers – Comprendre le cosmos et l'exploration spatiale.
Éditions Québec Amérique, 2001

Mon album de l'univers, par Professeur Génius.
Éditions Québec Amérique Jeunesse, 2003

Comment ? L'astronomie facile et amusante pour les 8-12 ans, Jean-Pierre Urbain, illustrations de Jacques Goldstyn, Éditions Multimondes, 2006

Le Grand livre de l'astronomie, collectif. Héritage, 2006

L'Avenir de la Terre – Le développement durable raconté aux enfants,
Yann Arthus-Bertrand. Éditions de la Martinière Jeunesse, 2003

Pour lecteur aguerri :

Mal de Terre, Hubert Reeves (avec Frédéric Lenoir). Seuil, 2003

Patience dans l'azur, Hubert Reeves. Seuil, 1988

Film DVD et cassette vidéo

Hubert Reeves, Conteur d'étoiles, Office national du film, 2003, 147 min
www.hubertreeves.info/multimedia/conteur.html

Visionne des (courts) films sur le site de la Cité des sciences de Paris.
www.cite-sciences.fr/francais/ala_cite/science_actualites/sitesactu/question_
actu.php?film=1&tous=1&langue=fr#film2

Sites Web

http://radio-canada.ca/par4/Maitres/Mentors/reeves_bio.html
Biographies d'Hubert Reeves. Sur le site de Radio-Canada
www.hubertreeves.info/bio.html
Et sur son propre site
http://radio-canada.ca/par4/_audio/document/JdlTERRE-Reeves.ram
Entrevue à écouter sur le Web
http://terresacree.org/reeves3.htm
Texte sur l'environnement, écrit par Hubert Reeves

Activités et débats

Scientifiques et vulgarisateurs

Comme Hubert Reeves, plusieurs grands chercheurs ont été aussi des communicateurs scientifiques très populaires. Pensons à l'Américain Isaac Asimov et au Français Albert Jacquard. Deux Canadiens, un francophone et un anglophone, font partie de ce petit groupe de grands scientifiques et vulgarisateurs. Qui sont-ils ? Indice de recherche : prix Kalinga.

Optimiste ou pessimiste ?

Face à l'avenir de la planète, certains sont pessimistes, d'autres optimistes. En classe, organisez un débat où quelques élèves présenteront un scénario catastrophique, alors que d'autres défendront une position résolument optimiste.

D'où venons-nous ?

Dans la Bible, on raconte que Dieu a créé l'Univers et l'homme en six jours. C'est une image, une allégorie, mais plusieurs croyants, appelés créationnistes, la prennent au pied de la lettre. Fais une recherche sur les différentes façons dont les grandes religions et mythologies racontent la création du monde et compare-les aux explications scientifiques de M. Reeves.

RESSOURCES

Les prix Nobel
1ʳᵉ partie : De la dynamite à la science

Plusieurs Canadiens ont eu le grand honneur de recevoir un prix Nobel, la plus haute distinction en science. D'où vient ce prix ? D'où vient son nom ? Notre histoire commence dans une école secondaire québécoise...

Les prix d'Alfred Nobel

Alfred Nobel (1833-1896) est un inventeur suédois. Fils d'un ingénieur militaire, Nobel invente un explosif révolutionnaire, la dynamite. Ça le rend riche. Et triste, car les hommes utilisent son invention pour s'entretuer. C'est pourquoi, à sa mort en 1896, Nobel lègue une grande partie de sa fortune à une fondation, afin qu'elle distribue des prix aux scientifiques, écrivains et humanistes les plus méritants.

Alfred Nobel est aussi l'inventeur de la dynamite. À sa mort, il a légué sa fortune à une fondation qui distribue chaque année des prix aux plus grands savants, écrivains et pacifistes du monde entier.

J'vois pas le rapport...

Ah bon? Eh bien, puisque tu aimes tant la lecture, tu me feras une recherche sur Alfred Nobel, que tu présenteras en classe jeudi prochain.

JEUDI PROCHAIN?!! Mais...

Ton exposé devra porter aussi sur des Canadiens qui ont remporté le prix.

!?

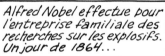

Et le soir...

C'est pas juste!...

Heleneborg, Suède, 1863.

BOUM

ÇA MARCHE!

Tu devrais faire attention, Alfred. Un jour, ça pourrait tourner mal.

Je sais, père. La nitroglycérine est une huile terriblement instable. Je cherche le moyen de la rendre moins réactive.

Alfred Nobel effectue pour l'entreprise familiale des recherches sur les explosifs. Un jour de 1864...

Monsieur Nobel! Venez vite! Il y a eu un accident à l'usine!

Ils sont tous morts!

Et mon frère Emil?

Lui aussi.

Atterré, Nobel se jette dans le travail.

Il FAUT que je trouve!

Et enfin...

Je crois que je tiens la solution!

En mélangeant la nitroglycérine à une sorte d'argile appelée kieselguhr, il obtient une pâte permettant de fabriquer un explosif sûr et efficace, qu'il baptisera dynamite.

La nouvelle invention obtient un succès fulgurant et Alfred Nobel devient immensément riche.

Chercheur infatigable, homme d'affaires aguerri, il est aussi un idéaliste fermement convaincu de travailler pour le progrès et le bien de l'humanité. Pourtant, plusieurs l'accusent de n'être qu'un marchand de destruction.

À sa mort, en 1896, il lègue, au grand désarroi de ses héritiers, l'essentiel de sa fortune à une fondation chargée d'une mission bien particulière.

...les intérêts du fonds seront distribués chaque année sous forme de prix aux personnes qui, durant l'année précédente, auront apporté le plus grand bénéfice à l'humanité. Lesdits intérêts...

QUOI ?!?

Hein ?!?

C'est ainsi que furent créés les prix Nobel de physique, de chimie, de physiologie (ou de médecine), de littérature et de la paix.

PASCAL! Éteins ta lumière! Il est passé minuit!

Tout de suite, maman! Excuse-moi, j'avais oublié l'heure...

Le lendemain...

Je crois que ce sera suffisant pour Alfred Nobel... Voyons un peu maintenant ce que je vais trouver sur les prix Nobel canadiens...

Bon... Frederick Banting, médecine, 1923 ; Lester B. Pearson, paix, 1957 ; Gerhard Herzberg, chimie, 1971 ; John Polanyi, chimie, 1986 ; Michael Smith, chimie, 1993. J'en ai cinq! Euh... Il faudrait que j'en dise un peu plus!... Commençons par le premier...

Banting

Herzberg

Polanyi

Pearson

Smith

«...avec la découverte de l'insuline, le Dr Frederick Banting a résolu l'énigme du diabète...»

Moi, j'ai une cousine qui est diabétique.

La pauvre! Elle doit faire attention à ce qu'elle mange, surveiller son taux de sucre... Et se faire une piqûre tous les jours!

Aoutch!

Il est formellement interdit de manger à la bibliothèque!

DRRRRRRRING

Oups! 'Scusez, j'avais oublié...

De toute façon, faut y aller, c'est l'heure du cours de français.

Peu après...

...le groupe sujet du verbe, généralement placé en début de phrase...

«...très tôt, Banting s'est intéressé au diabète : une de ses amies d'enfance en est morte à l'âge de 14 ans.»

Chez une personne en santé, les cellules assimilent le sucre, qui leur sert de carburant. Chez les diabétiques, elles en sont incapables. Le sucre s'accumule alors dans le sang et atteint un taux très élevé.

On se doutait déjà que la maladie pouvait être reliée au pancréas.

Le pancréas produit des sucs pancréatiques, qui aident à la digestion. Il produit aussi une hormone, qui permet à l'organisme d'assimiler les sucres. Mais, jusqu'alors, personne n'avait réussi à isoler cette mystérieuse substance.

À l'Université de Toronto, le Dr Banting effectue, avec son assistant Charles Best, des expériences sur des chiens.

Tout doux...

OUAH!

OUAH!

WOUF!

WO

Pour en savoir plus

Livres

Alfred Nobel : l'inventeur de la dynamite,
Michael Webb et Jean-Yves Lalonde. Les éditions de la Chenelière, 1993
Frederick Banting : la découverte de l'insuline,
Michael Webb et Jean Yves Lalonde. Les éditions de la Chenelière, 1993
La fondation des prix Nobel scientifiques 1901-191,
Elisabeth Crawford. Éditions Belin, 1988

Visite

Site historique de la maison Banting à London (Ontario)
www.diabetes.ca/Section_About/BantingIndex.asp

Film

Les Découvreurs, (ONF, 1960, 36 min)
La découverte de l'insuline par Banting et Best, à l'Université de Toronto.
http://cmm.nfb.ca/F/titleinfo/index.epl?id=984&recherche=simple&coll=onf

Sites Web

http://nobelprize.org/index.html
Sur les Prix Nobel
http://nobelprize.org/nobelmuseum/index.html
(en anglais) Le Nobel e-Museum
Sur Frederick Banting
www.nlc-bnc.ca/heros/h6-204-f.html
Sa vie illustrée
www.sciencetech.technomuses.ca/francais/about/hallfame/u_i10_f.cfm
Une courte biographie au Panthéon du Musée des sciences
et de la technologie du Canada

Activités et débats

Détournement d'invention

Alfred Nobel ne fut pas le premier scientifique déçu par une mauvaise utilisation de ses inventions. Ni le dernier! S'il l'avait su, aurait-il dû détruire la dynamite? Les scientifiques peuvent-ils se prémunir contre un détournement de leurs inventions?

Une maladie sournoise

Les découvertes de Banting ont permis de sauver bien des diabétiques, mais cette maladie continue de faire des ravages. Fais une recherche épidémiologique sur cette maladie : combien de personnes en sont atteintes au Canada? la maladie est-elle en progression ou en régression? frappe-t-elle certaines catégories de personnes plus que d'autres?

Un mécène pour les sciences

En léguant son immense fortune pour récompenser les meilleurs scientifiques, Nobel faisait une éclatante action de mécénat. De nombreux gens d'affaires font un peu comme lui, de leur vivant ou à leur décès. Connais-tu des mécènes québécois ou canadiens? Pense à une chaîne de pharmacies et au fondateur de Vidéotron, entre autres. Y a-t-il des mécènes de chez nous qui aident les scientifiques?

RESSOURCES

Les prix Nobel
2ᵉ partie : Des Canadiens honorés

Pascal poursuit sa recherche sur les scientifiques canadiens qui ont mérité le prix Nobel après notre premier lauréat, Frederick Banting, en 1923. La tâche n'est pas facile...

Prix Nobel au pays

Voici la médaille la plus convoitée au monde! Elle est remise chaque année, avec une bourse de plusieurs centaines de milliers de dollars, aux personnalités qui se sont le plus illustrées dans les domaines de la physiologie (médecine), chimie, physique, littérature, paix et économie. Plusieurs Canadiens ont mérité cet honneur. Nous t'en présentons quatre : Lester B. Pearson, Gerhard Herzberg, John Polanyi et Michael Smith.

Bon! Enfin terminé ce stupide copiage! Maintenant, ma recherche...

Hmm...voyons... Lester B. Pearson (1897-1972)... Diplomate et politicien... ...14e premier ministre du Canada, de 1963 à 1968........Ah! Voilà : Lauréat du prix Nobel de la Paix, en 1957...

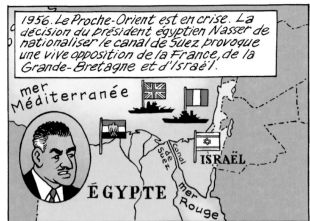

1956. Le Proche-Orient est en crise. La décision du président égyptien Nasser de nationaliser le canal de Suez provoque une vive opposition de la France, de la Grande-Bretagne et d'Israël.

mer Méditerranée

ISRAËL

ÉGYPTE

mer Rouge

La guerre est imminente.

Aux Nations Unies, les débats sont houleux.

FRANCE

EGYPT

À la tête de la délégation canadienne, Lester B. Pearson (alors ministre des Affaires extérieures) prend l'initiative.

Si nous voulons vraiment la paix, il faut plus qu'un simple cessez-le-feu. Nous devons tirer parti de la crise pour régler le conflit à sa source.

C'est lui qui proposera la création d'une force spéciale de maintien de la paix (les fameux Casques Bleus).

UN

La guerre est évitée, en grande partie grâce aux efforts de Pearson, qui lui vaudront l'année suivante le prix Nobel de la paix.

Ça avance... Hé! Hé! C'est le prof de science qui va être surpris!

Le lendemain...

...Une partie de Starcraft? Non, pas ce soir, faut que je termine ma recherche... C'est demain que je la présente en classe.

Bon, où en étais-je?... Gerhard Herzberg, physicien, chimiste et astronome, 1904-1999...né en Allemagne... fuit le régime nazi en 1935 et s'établit au Canada...

GERHARD HERZB

46

Devenu professeur de physique à l'Université de Saskatoon, il s'intéressa à la spectroscopie moléculaire.

Afin de mieux comprendre la structure des molécules, je les ai bombardées de lumière. Les molécules absorbent, puis réémettent une partie de cette lumière. C'est ce qu'on appelle un *spectre*.

Chaque type de molécule est doté d'un spectre unique, que l'on peut mesurer, et qui constitue en quelque sorte sa signature.

À l'aide du spectrographe, il parvient à identifier et à décrire des molécules dans les espaces intersidéraux.

C'est vraiment passionnant, cette recherche, mais je ne pensais pas que ce serait si long! Il commence à se faire tard........

ZZZZZZZZZZ

En 1971, Gerhard Herzberg obtient le prix Nobel de chimie pour l'ensemble de ses travaux. Un de ses élèves, John Polanyi, obtiendra lui aussi le prix Nobel de chimie en 1986.

Faut dire qu'il avait un prof qui l'encourageait, LUI...

Les prix Nobel

Ahem!...

HA!HA!HA!

John Polanyi est né en Allemagne en 1929, de parents hongrois, a été élevé en Angleterre et a immigré au Canada.

Dans ses recherches, il s'est servi de la spectroscopie pour étudier les mécanismes des réactions chimiques en observant la lumière infrarouge émise lors des collisions de molécules.

HEIN???

Ses observations sur la lumière infrarouge sont à l'origine du développement des puissants LASERS CHIMIQUES!

WOW!

47

Le dernier Canadien gagnant du prix Nobel est le biochimiste Michael Smith (1932-2000). Né en Angleterre d'une famille modeste, il gravit les échelons patiemment, un à un...

Chimiste de formation, il s'installe à Vancouver pour compléter ses études post-doctorales et s'oriente, un peu par hasard, vers la génétique.

Au cours des années 70, il réalise une expérience capitale : la mutagénèse dirigée. Il parvient à modifier le code génétique d'une bactérie en provoquant une mutation contrôlée de son ADN.

Cette découverte a ouvert la voie à d'immenses progrès en génétique et en médecine. Pourtant, la revue scientifique à laquelle Smith soumit d'abord le compte-rendu de ses recherches refusa de le publier, le jugeant « sans intérêt général. »

Mais, à force de persévérance, il voit ses travaux reconnus et obtient le prix Nobel de chimie en 1993.

En recherche, il faut vraiment aimer son travail et être déterminé, car les choses se présentent plus souvent mal que bien. Mais lorsque cela réussit, il n'y a rien de plus gratifiant.

Il distribuera tout l'argent du prix, créant entre autres les prix Michael-Smith, destinés à récompenser les personnes ou organismes voués à la promotion des sciences.

FIN

RESSOURCES

Pour en savoir plus

Livre
Les trois vies de Pearson, Jean-Marc Poliquin et John R. Beal. Éditions de l'Homme, Montréal, 1968

Visite
Musée des sciences et de la technologie du Canada
www.sciencetech.technomuses.ca

Film
Herzberg, John McAulay (Office national du film, 1979, 18 min)
The Nobel Peace Prize Concert, documentaire réalisé en 2003 :
www.imdb.com/title/tt0389204/

Sites Web
http://steacie.nrc-cnrc.gc.ca/heritage/herzberg_f.html
www.sciencetech.technomuses.ca/francais/about/hallfame/u_i13_f.cfm
Sur Gerhard Herzberg.
www.sciencetech.technomuses.ca/francais/about/hallfame/u_i18_f.cfm
www.cartage.org.lb/fr/themes/Biographies/mainbiographie/
P/Polanyi/Polanyi.htm
Sur John Polanyi.
www.nlc-bnc.ca/premiersministres/jeunesse/h9-3355-f.html
www.nobelpeacecenter.org/?1=1
Sur Lester B. Pearson.
www.nature.ca/genome/03/e/03e_10_f.cfm
www.crsng.gc.ca/msmith/about_f.htm
Sur Michael Smith.

Activités et débats

L'immigration et les prix Nobel
Trois scientifiques canadiens qui ont mérité le prix Nobel ont une caractéristique commune : ils sont nés à l'étranger. D'après toi, est-ce le fruit du hasard, ou y a-t-il une explication sociologique ou historique à ce phénomène ?

Le maître et l'élève
Pascal a découvert que John Polanyi était l'élève d'un autre prix Nobel, Gerhard Herzberg. Ça l'a sans doute aidé ! En classe, organisez une discussion sur l'influence des enseignants sur les élèves (sur leur motivation à l'étude, leurs résultats scolaires, leur choix de carrière, etc.).

Michael Smith et les jeunes
Plusieurs personnes et organismes ont mérité les prix Michael-Smith pour l'excellence en vulgarisation scientifique. Fais une recherche là-dessus. Y trouves-tu des noms connus ?

SUR LA PISTE DE VOTRE HISTOIRE.

Saviez-vous que Joseph-Armand Bombardier avait seulement 15 ans lorsqu'il a construit son premier véhicule?

histori.ca fait le lien entre les gens et les lieux, les événements et les époques qui ont façonné notre pays. Tout un monde de découvertes vous attend!

HISTOR!CA

www.HISTORI.*ca*